甘肃省行政复议工作规定

目　　录

甘肃省人民政府令

第 178 号

　　《甘肃省行政复议工作规定》已经 2024 年 9 月 23 日十四届省政府第 61 次常务会议通过，现予公布，自 2024 年 11 月 1 日起施行。

省长　任振鹤

2024 年 9 月 29 日

甘肃省行政复议工作规定

第一章　总　　则

第一条　为了规范行政复议工作，保护公民、法人和其他组织合法权益，充分发挥行政复议化解行政争议的主渠道作用，推进甘肃省法治政府建设，根据《中华人民共和国行政复议法》《中华人民共和国行政复议法实施条例》等法律、行政法规，结合本省实际，制定本规定。

第二条　行政复议机关应当依法履职，持续提升行政复议监督效能，积极推动争议的实质性化解和源头治理，不断提升行政复议质效和公信力。

第三条　县级以上人民政府主要负责人是本行政区域行政复议工作的第一责任人。

县级以上人民政府应当听取行政复议工作汇报，

部署行政复议年度工作，及时研究解决行政复议重大问题。

第四条　行政复议机关应当加强行政复议调解工作，为调解工作积极创造条件，鼓励行政复议机构运用调解手段实质性化解行政争议。

第五条　省级司法行政部门应当会同有关部门加强全省行政复议与应诉信息平台建设，提升行政复议的信息化水平，实现行政复议全省在线申请，支持在行政复议窗口自助办理、就近办理，方便公民、法人或者其他组织申请和参加行政复议。在线行政复议活动与线下行政复议活动具有同等法律效力。积极推进行政复议智慧平台建设，提高智能化辅助办案水平，通过类案指引、关联法条推送、法律文书自动生成等功能，规范行政复议审理自由裁量，提高行政复议工作质效。

省级司法行政部门应当强化行政复议数据实时分析研判功能，推动行政复议与行政执法、行政诉讼、信访等信息系统互联互通，提高行政复议辅助依法行政决策的能力水平，积极运用行政复议大数据，对行政复议案件进行统计、分析、研判，制作行政复议报告。

第六条 县级以上人民政府应当积极推进行政复议规范化建设，按照统一标准，规范行政复议文书、办案场所和工作流程。

第七条 县级以上人民政府可以发布行政复议白皮书，及时对行政管理、行政执法中存在的普遍性、倾向性、趋势性问题提出预警及治理建议，促进行政机关依法行政。

省人民政府可以发布行政复议典型案例。

第八条 县级以上人民政府应当对在行政复议工作中做出显著成绩的单位和个人，按照国家有关规定给予表彰和奖励。表彰和奖励工作应当体现先进性、代表性和时代性，注重实绩。

第二章 行政复议申请和受理

第九条 除行政复议法和行政复议法实施条例明确排除的事项外，公民、法人或者其他组织认为行政机关及其工作人员行使行政职权侵犯其合法权益引发的行政争议，属于行政复议范围。

第十条　行政复议机关在受理行政复议申请时，应当主动告知申请人符合法律援助条件的，有权申请法律援助。

符合法律援助条件的行政复议申请人申请法律援助的，应当向行政复议机构所在地的法律援助机构提出申请。

法律援助机构收到行政复议法律援助申请后，应当及时告知行政复议机关法律援助申请的审查情况。符合法律援助条件的行政复议申请人申请法律援助的，法律援助机构应当依法为其提供法律援助。

第十一条　申请人申请行政复议，可以通过邮寄或者行政机关告知的互联网渠道等方式提交行政复议申请书；也可以当面提交行政复议申请书。

书面申请有困难的，也可以口头申请，由行政复议工作人员当场记录申请人的基本情况、行政复议请求、申请行政复议的主要事实、理由和时间，并由申请人当场签名确认。

第十二条　行政复议机构应当建立行政复议申请登记制度，及时登记行政复议申请材料。

行政复议书面申请当场接收的，登记后应当向申请人出具行政复议材料清单，并要求申请人填写《送达地址确认书》。

第十三条 被限制人身自由的公民申请行政复议的，可以直接向有管辖权的行政复议机关提出申请，也可以向执行机构递交行政复议申请，执行机构应当予以登记，并自收到申请之日起三个工作日内转送有管辖权的行政复议机关。

公民因被限制人身自由而不能申请行政复议的，其近亲属可以依其口头或者书面委托以该公民的名义申请行政复议。近亲属申请行政复议时无法与被限制人身自由的公民取得联系的，近亲属可以先行申请行政复议，并在复议期间补充提交委托证明。

第十四条 省人民政府管辖以省人民政府及其派出机关、各市（州）人民政府、省人民政府工作部门、省人民政府或者其工作部门管理的法律法规规章授权的组织为被申请人的行政复议案件。

各市（州）人民政府管辖以市（州）人民政府派出机关，县（市、区）人民政府，市（州）人民政府工作部门，市（州）人民政府或者其工作部门管理的法律法规规章授权的组织为被申请人的行政复议案件。

各县（市、区）人民政府管辖以县（市、区）人民政府派出机关，乡镇（街道）人民政府，县（市、区）人民政府工作部门，县（市、区）人民政府或者其工作部门管理的法律法规规章授权的组织为被申请人的行政复议案件。

第十五条　省人民政府依法设立的派出机关参照设区的市级人民政府的职责权限，管辖相关行政复议案件。

以县级以上人民政府工作部门及其下属机构依法设立的派出机构为被申请人的行政复议案件，由本级人民政府管辖；其中，以设区的市级人民政府工作部门及其下属机构依法设立的派出机构为被申请人的行政复议案件，也可以由其所在地的人民政府管辖。

第十六条　行政复议机关可以在政务服务中心、公共法律服务中心等一站式服务场所设立行政复议申请受理窗口或者张贴网上申请行政复议指引，依法受理公民、法人或者其他组织的行政复议申请。

第十七条　对当场作出或者依据电子技术监控设备记录的违法事实作出的行政处罚决定不服申请行政

复议的，可以通过作出行政处罚决定的行政机关提交行政复议申请。

行政机关应当自收到行政复议申请之日起五日内进行处理。

第十八条 行政机关认为当场作出或者依据电子技术监控设备记录的违法事实作出的行政处罚决定合法适当，需要维持行政处罚决定的，应当及时告知申请人，自收到行政复议申请之日起五日内转送有管辖权的行政复议机关。

行政机关认为行政处罚决定确有违法或者不当，需要作出自行纠正决定的，应当听取当事人陈述和申辩，当事人放弃陈述和申辩的除外。行政机关根据不同情况分别作出撤销、变更行政处罚决定、重新作出新的行政决定。当事人对行政机关自行纠正决定不服的，可以依法提起行政复议申请，也可以向人民法院提起行政诉讼。

第三章　行政复议审理

第十九条 被申请人应当自收到行政复议申请书

副本或者行政复议申请笔录复印件之日起，在规定期限内，提出书面答复，并提交作出行政行为的证据、依据、行政执法主体资格证明、行政复议授权委托书和其他有关材料。

第二十条　行政复议机构对被申请人作出的行政行为的合法性、适当性进行审查。被申请人对其作出行政行为的合法性、适当性进行举证。

合法性审查应当包括：

（一）是否具备主体资格；

（二）是否在法定职权范围内；

（三）是否违反法定程序；

（四）主要证据是否确凿、充分；

（五）适用法律、法规、规章、行政规范性文件是否正确；

（六）是否存在其他不合法的情形。

适当性审查应当包括：

（一）是否能够实现行政目的或者有助于行政目的的实现；

（二）是否与行政目的成比例；

（三）是否违反公平对待原则；

（四）是否存在其他不适当的情形。

第二十一条　行政复议机构可以邀请人大代表、政协委员、基层群众自治组织负责人、相关领域专业人士等参与行政复议案件听证。

第二十二条　县级以上人民政府应当建立由本级人民政府主导，相关部门人员、专家、学者等参与的行政复议委员会。

行政复议委员会通过召开全体会议、专题会议、案件咨询会议等方式，为审理行政复议案件提供咨询意见，研究行政复议工作中的重大事项和共性问题。

行政复议委员会应当运用信息化、智能化手段为委员参加会议、发表意见提供多种途径和渠道。

第二十三条　行政复议委员会由主任、副主任、常任委员和专家委员组成。行政复议委员会主任由本级人民政府主要负责人担任，副主任若干名。

常任委员由本级人民政府相关部门负责人组成，不超过二十人。

专家委员由高等院校、法治工作机构、人大机关、法律服务机构等推荐，纳入专家库管理的人员组成，专家委员的总人数由县级以上人民政府根据实际需要确定。

第二十四条 行政复议委员会下设办公室，是行政复议委员会的常设组织，负责行政复议委员会的日常工作。

行政复议委员会办公室设在本级司法行政部门。行政复议委员会办公室主任由司法行政部门主要负责人担任，副主任由分管行政复议工作的负责人担任。

第二十五条 行政复议委员会办公室根据工作需要负责组建行政复议调解委员会、赔偿委员会等专门工作委员会。

专门工作委员会由主任、副主任和委员组成。主任由分管行政复议工作的负责人兼任，副主任由相关业务机构负责人担任。

专门工作委员会由三名以上成员组成，成员人数应当为单数。委员由其他行政复议人员、专家等组成。行政复议调解委员会中应当至少有一名专业调解员。

第二十六条 申请人依据行政复议法第五十六条对有关规范性文件提出附带性审查的，行政复议机关应当对规范性文件的合法性进行审查。

行政复议机关依据行政复议法第五十七条对被申请人行政行为的依据进行合法性审查时，应当按照规范性文件审查的有关规定进行审查。

第二十七条　申请人依据行政复议法第五十六条对有关规范性文件提出附带性审查，行政复议机关对该规范性文件无权处理的，应当在七日内按照下列程序处理：

（一）对国务院部门的规范性文件提请审查的，由省级行政复议机构转送国务院行政复议机构处理；

（二）对各级人民政府的规范性文件提请审查的，转送制定该规范性文件的人民政府或者其上一级人民政府处理；

（三）对县级以上人民政府工作部门的规范性文件提请审查的，转送制定该规范性文件的部门或者本级人民政府处理。

行政复议机关依据行政复议法第五十七条对被申请人的行政行为进行审查时，认为其依据不合法，本机关无权处理的，应当比照前款规定转送有权处理的国家机关处理。

第二十八条　依照行政复议法第五十六条、第五十七条的规定接受转送的行政机关、国家机关应当自收到转送之日起六十日内，将处理意见回复转送的行政复议机关；未回复的，行政复议机关可以催告有权处理的国家机关履行；经催告后仍不履行的，可以向上级行政机关、国家机关报告。

第四章　行政复议决定

第二十九条　符合行政复议法第六十三条第一款规定的，行政复议机关应当优先作出变更决定。

有下列情形之一的，行政复议机关应当作出变更决定：

（一）行政行为不符合其适用依据的立法目的，行政行为超过必要限度或者无法达成行政目的等不适当情形；

（二）未适用应当适用的依据，或者应当适用多个依据，只适用部分依据等法律适用不全面的情形，或者未适用法律位阶更高的依据，或者应当适用特殊规定只适用一般规定等情形；

（三）综合全案证据，证据不真实，证据之间存在无法排除的矛盾，证据不能证明案件全部事实等事实不清、证据不足，经行政复议机关查清事实和证据的情形。

第三十条 有本规定第二十九条第二款第三项规定之情形的，行政复议机关应当查清事实和证据，决定变更该行政行为。

案件的主要事实不清、证据不足，或者由被申请人重新查证更有利于案件办理的，行政复议机关可以作出撤销决定。

第三十一条 行政复议机关决定责令被申请人重新作出行政行为的，被申请人应当在法律、法规、规章规定的期限内重新作出行政行为；法律、法规、规章未规定期限的，被申请人自收到行政复议决定书之日起六十日内重新作出行政行为，并将结果报送行政复议机关。

第三十二条 行政复议机关主要负责人可以委托行政复议机构主要负责人签发行政复议法律文书，加盖行政复议机关印章或者行政复议专用章。

第三十三条 行政复议机关发现已经作出的行政复议决定书确有错误，或者发现调解违反自愿原则、调解书内容违法，认为需要纠正或者重新审理的，应当报请行政复议机关负责人决定。

行政复议机关重新审理的，不得作出对申请人更为不利的行政复议决定，但是第三人提出相反请求的除外。

第三十四条　行政复议机关办理以本级人民政府工作部门为被申请人的行政复议案件，应当自行政复议决定书、意见书送达被申请人之日起五日内，将该行政复议决定书、意见书抄告被申请人的上一级主管部门。

县级以上人民政府工作部门应当加强对行政复议决定书、意见书执行的监督，定期分析研判，改进行政执法共性问题。

第三十五条　行政复议决定书、调解书有履行内容的，被申请人应当自收到之日起六十日内将履行情况报送行政复议机关。

六十日内不能履行完毕的，被申请人应当定期报送进展情况，并自履行完毕之日起五日内将履行整体情况报送行政复议机关。

第五章　行政复议监督和保障

第三十六条　上级行政复议机关应当通过定期组织检查、抽查等方式，加强对下级行政复议工作的领导。

上级行政复议机构应当加强对下级行政复议机构行政复议工作的指导和监督，对行政复议案卷组织评查，评查情况应当及时予以通报。

第三十七条　行政复议机构应当建立行政复议重大案件督办机制。行政行为存在违法或者明显不当，以及其他复杂、敏感案件，可能存在不稳定因素的，应当通过制发督办函、现场督办等方式，督促和指导相关政府和部门依法主动纠错，化解行政争议。

第三十八条　被申请人对行政复议机关制发的行政复议意见书，应当提出有针对性的整改意见和措施，并在十五日内向行政复议机关反馈；重大、疑难、复杂或者需要进一步整改落实的，反馈时间不得超过六十日。

第三十九条　被申请人有下列情形之一的，经行政复议机构报请行政复议机关同意后，由行政复议机关或者行政复议机关授权行政复议机构约谈被申请人有关负责人：

（一）原行政行为严重违法，造成不良影响，被撤销、变更或者确认违法的；

（二）不依法履行先行处理职责的；

（三）不提交或者无正当理由拖延提交作出行政行为的证据、依据或者其他有关材料的；

（四）无正当理由拒不参加听证或者未经许可中途退出听证的；

（五）反复发生群体性行政复议案件的；

（六）同类行政复议案件反复发生，未采取有效措施解决的；

（七）不履行或者无正当理由拖延履行行政复议决定书、调解书、意见书的；

（八）被责令重新作出行政行为后，仍然以同一事实和理由作出与原行政行为相同或者基本相同的行政行为的；

（九）其他需要约谈的事项。

被约谈机关应当积极落实整改措施，并根据约谈要求于约谈结束十五日内将整改情况书面报送约谈机关。

对于被申请人存在突出问题、造成重大影响的行政违法行为，由行政复议机关或者行政复议机关授权行政复议机构在一定范围内予以通报，并书面抄送同级监察机关。

第四十条 行政复议机构应当建立领导干部干预行政复议案件处理记录机制。对于干预行政复议案件办理的行为，行政复议员有权拒绝并予以全面如实记录和报告；有违纪违法情形的，由有关机关根据情节轻重追究有关责任人、行为人的责任。

第四十一条 本省行政复议机构中专职从事行政复议工作的人员主要包括行政复议员和行政复议辅助人员，具体办法由省人民政府另行制定。

第四十二条 行政复议机关应当配备与行政复议工作任务相适应的行政复议员。

行政复议员应当具备与履行行政复议职责相适应的业务能力、专业知识和品行，并取得行政复议员资格。

第四十三条 行政复议机构的工作人员具备下列

条件，经司法行政部门统一培训，并考试合格，报请省人民政府批准，统一制发行政复议员证：

（一）具有中华人民共和国国籍；

（二）拥护中华人民共和国宪法，拥护中国共产党领导和社会主义制度，坚持走中国特色社会主义法治道路；坚决拥护"两个确立"，增强"四个意识"，坚定"四个自信"，做到"两个维护"；

（三）具有良好的政治、业务素质和道德品行；

（四）具有正常履行职责的身体条件；

（五）属于司法行政部门的公务员或者事业人员；

（六）初次从事行政复议工作的，应当通过国家统一法律职业资格考试取得法律职业资格。

行政复议员由所在的司法行政部门提名，同级人民政府制发任命书。行政复议员在宣布任命后，按程序进行宪法宣誓。

第四十四条 省级司法行政部门建立行政复议员数据库，各市（州）、县（市、区）司法行政部门建立本行政区域行政复议员人才储备库，并实行动态管理。

各级司法行政部门应当保持行政复议员队伍稳定性。行政复议员原则上不得借调或者抽调到其他单位、其他岗位工作，确因特殊原因需要借调或者抽调的，须按省级公务员主管部门出台的有关文件规定，履行相关申请、审核和备案程序。

第四十五条 省级司法行政部门负责指导协调全省行政复议员培训工作，各市（州）、县（市、区）司法行政部门负责组织本级行政复议员培训，所需经费按规定列入本级财政预算。

司法行政部门可以委托符合条件的高等院校、科研院所、培训机构等承担行政复议员培训工作。

行政复议员培训内容应当注重增强政治性、时代性、针对性和实用性，重点抓好思想政治素质、业务工作能力、职业道德水准、廉政警示教育等培训。

行政复议员每年参加培训不少于一次，培训考核结果作为上岗、任职、晋升等的依据之一。

第四十六条 行政复议员有下列情形之一的，由本级司法行政部门收回行政复议员证，报省级司法行政部门取消其资格，同时由本级人民政府收回任命书：

（一）丧失中华人民共和国国籍；

（二）退休、本人辞职或调离行政复议岗位；

（三）因违纪违法不宜继续从事行政复议工作；

（四）依法应当予以辞退；

（五）连续两年无故不参加业务培训；

（六）因健康原因长期不履行职务，或本人申请注销；

（七）其他应当取消的情形。

第四十七条 行政复议机构可以根据工作需要聘用一定比例的行政复议辅助人员。行政复议机构拟聘用行政复议辅助人员，应当会同有关部门制定聘用方案，报请批准后实施。

行政复议辅助人员应当在行政复议员的指导下开展案件登记、材料审查、听证记录、核对文书、案卷整理等辅助工作，行政复议辅助人员履行职责产生的法律后果由所在的行政复议机构承担。

行政复议辅助人员由所在行政复议机构管理，逐级报省级司法行政部门备案。

第四十八条 行政复议机构可以聘请特邀监督员对本级以及下级行政复议工作依法进行监督，提出工作建议。

行政复议机构应当建立行政复议特邀监督员会议制度，通报年度行政复议工作情况，征询推进行政复议工作的意见和建议。

行政复议特邀监督员管理规定，由省级司法行政部门制定，报省级人民政府批准实施。

第四十九条　行政复议员履行办案职责或在公共场合从事公务活动时，应当着统一服装、佩戴标识并持证上岗。

行政复议人员着装管理的具体规定，由省级司法行政部门另行制定，报省级人民政府批准实施。

第五十条　县级以上人民政府应当加强本级行政复议业务用房保障，满足行政复议工作需要，未经依法批准，不得擅自改变业务用房用途。

第五十一条　行政复议员应当按照法定职责、法定程序严格履行职责。

行政复议员在履行法定职责过程中，有下列情形之一的，不予或者免予追究责任：

（一）贯彻执行上级决策部署中，为推动发展、攻坚克难，受条件限制出现一定履职瑕疵，未造成恶劣影响或者严重危害后果的；

（二）在行政复议工作中，积极探索、先行先试，敢于担当、勇于作为出现非主观失误的；

（三）已履行法定职责或者应尽义务，但因法律、法规、规章和内部行政管理制度没有规定或者规定不具体，受客观条件限制，出现失误或者偏差的；

（四）在实质化解行政争议、解决历史遗留问题过程中，主动担当、积极作为，调解失误或者调解结果存在瑕疵，未造成恶劣影响或者严重危害后果的；

（五）已经履行法定职责，因当事人隐瞒、伪造、毁灭证据，提供虚假材料以及逃避案件调查等原因，出现非主观失误，导致危害后果发生的；

（六）确已尽到审慎审核义务，但因其他机关移交的证据、认定意见等或者法定机构出具的检验、检测、鉴定报告等出现错误，导致作出错误行政复议决定的；

（七）履行职责过程中，因不可抗力或者不可预知因素影响，出现失误或者偏差，未造成恶劣影响或者严重危害后果的；

（八）其他可以免责的情形。

经认定不予或者免予追究责任的行政复议员，在评先选优、表彰奖励和选拔任用时不受影响。

第五十二条　行政复议机构应当建立澄清保护机制，对经查受到恶意中伤、诬告陷害以及被恶意炒作和诽谤的行政复议员，及时通过适当方式在一定范围为其澄清和正名，消除负面影响。

第五十三条　行政复议机构应当定期将行政复议工作情况向本级党委、政府报告，同时向下一级人民政府和本级人民政府部门通报。下一级行政复议机构应当向上一级行政复议机构报送上一年度行政复议与应诉工作报告。

各级行政复议机关应当每年制发上一年度行政复议年度报告，并向上一级行政复议机关报备。每年将行政复议年度报告向社会公布。行政复议年度报告可以纳入法治政府年度报告。

第五十四条　县级以上人民政府可以探索建立行政复议与信访、调解、行政裁决、仲裁、诉讼等途径相衔接的多元纠纷化解体系，切实提升化解行政争议整体效能。

第五十五条　县级以上人民政府可以适时开展行

政复议工作专项检查，加强行政复议与法治督察、行政执法监督等机制的衔接协同，提升监督依法行政的实效性。

第五十六条　县级以上人民政府与同级人民法院应当加强良性互动和协同配合，建立行政复议、诉讼法律文书相互抄告机制。通过加强信息共享、进行联合调研、开展同堂培训、工作人员双向交流等方式，实现府院联动常态化。

第五十七条　县级以上人民政府与同级检察机关协同开展行政争议实质性化解。行政复议机构可以邀请检察机关参与重大、敏感、复杂行政复议案件调解和解工作，跟进监督纠正违法或者不当的行政行为，协同推进涉案行政争议实质性化解。

检察机关和行政复议机构应当建立联席会议机制、常态化信息共享机制，定期相互通报办案情况，实现信息资源共享。

第六章　附　　则

第五十八条　本省行政区域内行政复议机关办理

行政复议案件，适用本规定。法律、法规另有规定的，依法从其规定。

第五十九条 对被申请人在本规定施行前作出的行政行为，应当适用行为发生时的有关规定，但是适用本规定更有利于保护申请人合法权益的除外。

第六十条 本规定自 2024 年 11 月 1 日起施行。

甘肃省行政复议工作规定

GANSU SHENG XINGZHENG FUYI GONGZUO GUIDING

经销/新华书店

印刷/保定市中画美凯印刷有限公司

开本/850 毫米×1168 毫米　32 开　　　　　　印张/1　字数/10 千

版次/2024 年 11 月第 1 版　　　　　　　2024 年 11 月第 1 次印刷

中国法治出版社出版

书号 ISBN 978-7-5216-4809-6　　　　　　　定价：5.00 元

北京市西城区西便门西里甲 16 号西便门办公区

邮政编码：100053　　　　　　　　　　传真：010-63141600

网址：http：//www.zgfzs.com　　　　编辑部电话：010-63141673

市场营销部电话：010-63141612　　　　印务部电话：010-63141606

（如有印装质量问题，请与本社印务部联系。）